Kurzbiografie: Eugen Kogon (1903–1987)

Professor Dr. Eugen Kogon (geboren am 2. Februar 1903 in München, gestorben am 24. Dezember 1987 in Königstein im Taunus) war ein bekannter Publizist, Soziologe und Politikwissenschaftler. Der christlich geprägte Gegner der Diktatur jedweder Couleur gilt als einer der intellektuellen Väter der Bundesrepublik Deutschland und eines vereinten Europas.

Kogon, Sohn russischer Eltern, verbrachte den größten Teil seiner Jugend in katholischen Klöstern. Nach dem Studium der Nationalökonomie und Soziologie in München, Florenz und Wien promovierte Kogon 1927 in Wien mit einer Arbeit über Faschismus und Korporativstaat.

Titel des Hauptwerkes von Eugen Kogon: „Der SS-Staat"; Umschlag der Ausgabe 1988.

Als bekennender Gegner des Nationalsozialismus wurde Kogon beim „Anschluss" Österreichs im März 1938 verhaftet und im September 1939 in das KZ Buchenwald eingeliefert, wo er ab 1942 bis zur Befreiung im April 1945 dem illegalen Lagerwiderstand angehörte.

Noch im Jahr seiner Befreiung begann Kogon sein Buch „Der SS-Staat", das 1946 veröffentlicht wurde und noch heute als Standardwerk über – so der Untertitel – „Das System der deutschen Konzentrationslager" gilt. Das Buch wurde in mehrere Sprachen übersetzt und allein in deutscher Sprache über 500.000 Mal verkauft.

Im September 1945 verfasste Kogon gemeinsam mit weiteren Persönlichkeiten, unter ihnen auch der Publizist, Freund und Wegbegleiter Kogons Walter Dirks, die „Frankfurter Leitsätze". In diesem Programm forderten sie einen wirtschaftlichen Sozialismus auf demokratischer Grundlage und leisteten damit einen wichtigen Beitrag zum christlich-sozialistischen Gründungsprogramm der hessischen CDU und damit auch für die am 1. Dezember 1946 per Volksentscheid angenommene hessische Landesverfassung, die die Sozialisierung von Schlüsselindustrien vorsah.

1946 gründeten Kogon und Dirks die „Frankfurter Hefte", eine linkskatholisch geprägte Zeitschrift für Kultur und Politik.

Als eine Lehre aus dem Nationalsozialismus forderte Kogon auch früh eine Abkehr vom klassischen Nationalstaat und setzte sich für den Aufbau einer europäischen föderativen Republik ein. Er war einer der führenden Männer der europäischen Bewegung und engagierte sich unter anderem in der

Europa-Union Deutschland, deren erster Präsident er von 1949 bis 1954 war. Der Publizist, Soziologe und Politikwissenschaftler Alfred Grosser zählt ihn zu den eigentlichen Schöpfern Europas.

Von Anfang an begleitete Kogon den Weg der neuen deutschen Bundesrepublik als kritischer Mahner. Er warnte vor Remilitarisierung und „Restauration", bekämpfte die geplanten und 1968 von der damaligen Bundesregierung verabschiedeten Notstandsgesetze und unterstützte in den 1970er Jahren die auf Verständigung und Versöhnung ausgerichtete Ostpolitik der Regierung Willy Brandts.

1951 wurde Kogon zum Professor auf den erstmals eingerichteten Lehrstuhl für Politikwissenschaft an der Technischen Hochschule Darmstadt (heute TU) berufen. Er lehrte dort bis zu seiner Emeritierung 1968.

Lange Jahre arbeitete er mit den Gewerkschaften zusammen, dokumentiert in der vielfachen Teilnahme an den Europäischen Gesprächen im Rahmen der Ruhrfestspiele Recklinghausen.

1964 leitete er als Moderator für ein Jahr das erste politische Fernsehmagazin „Panorama" und wurde so als kritischer Publizist einer noch breiteren Öffentlichkeit bekannt.

In all diesen Jahren nahm Kogon auch aktiv Anteil an der hessischen Landespolitik, wofür ihm 1982 der Hessische Kulturpreis verliehen wurde.

Die Jahre vor seinem Tod verbrachte Kogon weitgehend zurückgezogen in Königstein im Taunus. Die Stadt hat eine Straße nach ihm benannt und verleiht seit 2002 den Eugen-Kogon-Preis für gelebte Demokratie.

Ulrich Gefromm

Kundgebung der Bewegung „Kampf dem Atomtod", die eine atomare Bewaffnung der Bundeswehr verhindern will: Eugen Kogon spricht im Mai 1958 in Darmstadt.
(Bundesarchiv Koblenz, Bild 183-G0214-55445-004A; Fotograf: Hoff)

Eugen Kogon – Ein Leben für Humanismus, Freiheit und Demokratie

von Walter Mühlhausen

Am 4. Januar 1982 verlieh das Land Hessen erstmalig den Hessischen Kulturpreis, mit dem besondere „Leistungen zur Förderung von Kunst und Wissenschaft" ausgezeichnet werden. Die Wahl war auf den Publizisten, Soziologen und Politologen Eugen Kogon gefallen. Den langjährigen Darmstädter Professor würdigte der hessische Ministerpräsident Holger Börner in seiner Laudatio mit den Worten: „Hessen verdankt Ihnen viel." Aber das galt nicht allein für Hessen, wo Kogon nach dem Leiden im nationalsozialistischen Konzentrationslager seine neue Heimat gefunden hatte, sondern weit darüber hinaus: Der Preisträger gehörte als einer der renommiertesten Kommentatoren der Entwicklung im Deutschland nach dem Zweiten Weltkrieg zu den „intellektuellen Gründungsvätern der Bundesrepublik Deutschland", wie es Ernst-Otto Czempiel zum 100. Geburtstag Kogons formulierte.

Der am 2. Februar 1903 in München geborene Eugen Kogon war bei einer Pflegefamilie aufgewachsen. Er verbrachte seine Schulzeit in katholischen

Hessens Ministerpräsident Holger Börner verleiht am 4. Januar 1982 im Biebricher Schloss den Hessischen Kulturpreis an Eugen Kogon.

(picture alliance; Fotograf: Jörg Schmitt)

Das Konzentrationslager Buchenwald bei Weimar ist für Eugen Kogon sechs Jahre lang ein Ort des Leidens: Lagertor mit Blick auf die Kommandantur.
(Sammlung Gedenkstätte Buchenwald; Foto: Peter Hansen)

Internaten von Dominikanern und Benediktinern und schloss sie mit dem Abitur an einem humanistischen Gymnasium ab. In seiner Studienzeit in München, Florenz und schließlich in Wien, die er mit dem Doktorgrad für Politik vollendete, übten rechtskonservative Vorstellungen von Staat und Gesellschaft, die Idee vom christlichen Ständestaat, großen Einfluss auf das Denken des früh Politisierten aus. Seine politische und publizistische Karriere nahm ihren Anfang bei einer konservativen katholischen Wochenschrift in Wien, wohin der 24-Jährige 1927 übergesiedelt war. Von 1932 bis 1934 fungierte Kogon als Chefredakteur eines christlichen Gewerkschaftsblattes. Es folgte eine Tätigkeit bei einer privaten Vermögensverwaltung, was ihm Reisen durch Europa ermöglichte.

Nachdem er 1936/37 zweimal wegen seiner entschiedenen Opposition zum nationalsozialistischen Regime in Deutschland in Haft genommen worden war, wurde er am 12. März 1938, am Tag des Einmarsches von Hitlers Wehrmacht in Österreich, bei dem Versuch, das Land zu verlassen, aufgrund einer Gestapo-Fahndungsliste verhaftet. Während draußen dem Hakenkreuz zugejubelt wurde und weite Teile der österreichischen Bevölkerung noch lange im Anschlusswahn taumelten, begann für Kogon ein siebenjähriges Martyrium durch die Mühlen des Unrechtsregimes. Nach eineinhalb Jahren in den Fängen der Gestapo gelangte er schließlich im September 1939 in das Konzentrationslager Buchenwald bei Weimar.

Die Jahre auf dem Ettersberg waren, so bekannte Kogon später, die entscheidende Wende in seinem Leben. An die Stelle eines diffusen Konservativ-Fortschrittlichen trat das Humane als existenzielle Grundorientierung. Dabei trieb ihn von nun an auch die Frage um, wieso das christliche Abendland ein solch unmenschliches System hatte hervorbringen können, das nicht nur einen Weltbrand gelegt, sondern in seinem Rassenwahn millionenfach Menschen in das Gas geschickt hatte. Der demokratisch-christliche Sozialismus wurde politisches Leitideal. Seit 1942 war der Lagerarztschreiber Kogon in die illegale Verbindung der Häftlinge involviert. In dieser Zeit der Ohnmacht und Erniedrigung war er getragen von der Hoffnung, nach dem Ende der Hitler-Zeit mitzuwirken, „eine neue Republik der Deutschen zu schaffen".

Er überlebte das KZ unter dramatischen Umständen und glücklichen Zufällen, obwohl er zum Abtransport in das Todeslager Auschwitz vorgesehen war. Am 11. April 1945 befreiten amerikanische Soldaten Buchenwald. Die Amerikaner ersuchten Kogon, einen Bericht über das Lager niederzuschreiben. Nach vier Wochen lagen 400 eng beschriebene Schreibmaschinenseiten vor, unterteilt in einen von Kogon verfassten Hauptbericht und weitere 150 Erlebnisberichte von Mithäftlingen. Die Ausarbeitung beeindruckte die Amerikaner, die Kogon baten, eine allgemeine Darstellung über die Konzentrationslager zu verfassen. Nach kurzer Zwischenstation in Paris quartierten sie ihn schließlich im hessischen Bad Homburg ein, wo das Manuskript reifen sollte. Aber zunächst wollte er zu seiner Familie, von der er sieben Jahre lang getrennt gewesen war. Es gelang ihm, seine Frau und die drei Kinder unter abenteuerlichen Umständen aus Österreich zu holen.

Es dauerte knapp ein halbes Jahr, bis er im Dezember 1945 seine Studie abgeschlossen hatte. Der 1946 publizierte Band „Der SS-Staat. Das System der deutschen Konzentrationslager" konfrontierte als zeitgeschichtliches Sachbuch die Öffentlichkeit mit einem einzigartigen Einblick in das menschenverachtende terroristische Herrschaftssystem des Nationalsozialismus. Das in dem Kogon

Zehn Jahre nach dem Ende der Befreiung aus Buchenwald: einstige Leidensgenossen des Konzentrationslagers (v.l.): der österreichische Sozialist Benedikt Kautsky, der ehemalige Chef der hessischen Staatskanzlei und SPD-Bundestagsabgeordnete Hermann L. Brill, Eugen Kogon und Heinz Baumeister, bis 1933 Gausekretär des republikanischen Kampfbundes „Reichsbanner Schwarz-Rot-Gold".

(Hessisches Hauptstaatsarchiv Wiesbaden, Abt. 3008/1)

eigenen sachlich-distanzierten Stil verfasste Werk machte ihn auf einen Schlag berühmt. Es erlebte eine Vielzahl von Neuauflagen mit insgesamt weit mehr als 500.000 Exemplaren und wurde in acht Sprachen übersetzt.

Kogons Wirken nach der Befreiung erschöpfte sich aber nicht in der Vergangenheitsanalyse. Er wollte seinen Teil dazu beitragen, eine neue Republik auf soliden Pfeilern zu errichten. Er erinnert sich später an das, was ihn motivierte: „Als ich aus dem Lager herauskam, war ich entschlossen, in die Zukunft zu leben und nicht nur zurückzuschauen. Nichts war mir ferner als ein Kriegsvereinsdasein am Biertisch. Dies war nicht meine Sache. Meine Sache war: Nun lasst uns gemeinsam versuchen, die Voraussetzungen einer besseren Zukunft für uns alle und die Völker zu schaffen."

Seine neue Wirkungsstätte wurde Hessen, wohin auch zwei Leidensgefährten aus dem KZ Buchenwald den Weg fanden: der ehemalige thüringische Ministerialdirektor Hermann Brill (SPD), der Mitte 1946 Chef der hessischen Staatskanzlei, später Bundestagsmitglied werden sollte, und der einstige Vorsitzende der sächsischen Zentrumspartei Werner Hilpert, der als Minister (1945–1950) und als CDU-Landesvorsitzender (1945–1952) die Politik im Nachkriegshessen mitprägen sollte. Mit beiden verband Kogon lebenslange Freundschaft.

Seine politische Heimat fand der Linkskatholik Kogon in der neuen christlichen Sammlungspartei, der CDU, deren Frankfurter Programm vom September 1945 er wesentlich beeinflusste. Hier propagierte er einen „Sozialismus aus christlicher Verantwortung". Er setzte auf die Verbindung von Christentum und Sozialismus, grenzte dabei das Ziel „christlicher Sozialismus" scharf gegenüber dem bürokratisch-doktrinären Staatssozialismus ab. Im Zentrum der programmatischen Vorstellungen stand die Freiheit der Persönlichkeit. Angetreten war Kogon in dem als Stunde Null empfundenen Moment der totalen Desintegration am Kriegsende mit der Hoffnung, das Haus der Demokratie auf dem Reißbrett entwerfen und danach modellieren zu können: „Die Niederlage 1945 kann zum Ausgangspunkt des größten Segens für die deutsche Nation werden, wenn das Volk erkennt, dass es an dieser Tragödie selbst schuld war." In dem Wissen um die Schuld zu neuen demokratischen Ufern, zu einer festen Republik, die all das überwand, was zum Untergang der ersten auf deutschem Boden beigetragen hatte – so lautete seine Vision auf einer CDU-Versammlung im November 1945.
Er setzte dabei auf ein Bündnis der politischen Linken und der politischen Mitte, auf eine Kooperation von sozialdemokratischer Arbeiterbewegung und demokratischem Bürgertum.

Auch wenn er in den ersten Nachkriegsmonaten programmatischer Ideengeber auf dem linken Flügel der CDU war, so ging er nicht in die Politik. Er kehrte später sogar aus Ent-

„Die Revolution der Wiederbegegnung von Geist und Politik in Deutschland: lasst den Traum nun Wirklichkeit werden! Die segensreiche Möglichkeit der deutschen Geschichte tragen wir, jeder von uns, in der Hand und wissen es noch nicht. Wir brauchen nur unsere Pflicht zu tun, diesmal statt für einen Mythos, einen Moloch, irgendeine personifizierte oder kollektive Anonymität, hinter der sich doch der Schrecken verbirgt, wenn nicht heute, dann morgen – diesmal für uns als wahre, als echte Demokraten."

Eugen Kogon in den „Frankfurter Heften" 1946

täuschung der CDU den Rücken, die sich in seinen Augen vom Programm der unmittelbaren Nachkriegszeit gelöst hatte, und näherte sich der SPD an. Er, der das Gärtnern zu seinen Hobbys zählte, beackerte seit 1946 wieder sein angestammtes publizistisches Feld, das er in der Folge intensiv und höchst erfolgreich bestellte.

Mit dem ihm freundschaftlich verbundenen linkskatholischen Journalisten Walter Dirks konnte er das Projekt einer kritischen Zeitschrift realisieren. In Dirks fand er einen kongenialen Partner, mit dem er die „Frankfurter Hefte" begründete, die als „Zeitschrift für Kultur und Politik", wie sie sich im Untertitel nannte, ein breites Spektrum von Themen abdeckte. Mit Heft 1 im April 1946 begann eine überaus erfolgreiche Geschichte der Zeitschrift in einer Zeit, als eine durch die Nationalsozialisten auch kulturpolitisch geknebelte und vernebelte Gesellschaft sich nach kulturellem und politischem Aufbruch sehnte.

In dieser Monatsschrift mit einer angesichts der latenten Papierknappheit im Nachkriegsdeutschland doch hohen Auflage von 75.000 besaß Kogon ein Forum, seine Vorstellungen vom Wiederaufbau einem breiten Publikum zu unterbreiten, dieses aber auch auf Fehlentwicklungen hinzuweisen, die seiner Meinung nach eine erfolgreiche Demokratiegründung zu behindern drohten. Und dazu glaubte er immer häufiger Anlass zu haben. So war es ein erster konsequenter Mahnruf, wenn er in den „Frankfurter Heften" Mitte 1947 das „Recht auf den politischen Irrtum" formulierte und damit die allseits kritisierte Praxis an der allumfassenden und wesentlich von amerikanischen Vorstellungen dominierten Praxis der Entnazifizierung artikulierte: „Es ist nicht Schuld, sich politisch geirrt zu haben. Verbrechen zu verüben oder an ihnen teilzunehmen, wäre es auch nur durch Duldung, ist Schuld. Und Fahrlässigkeit ist ebenfalls Schuld [...]. Aber politischer Irrtum [...] samt dem echten

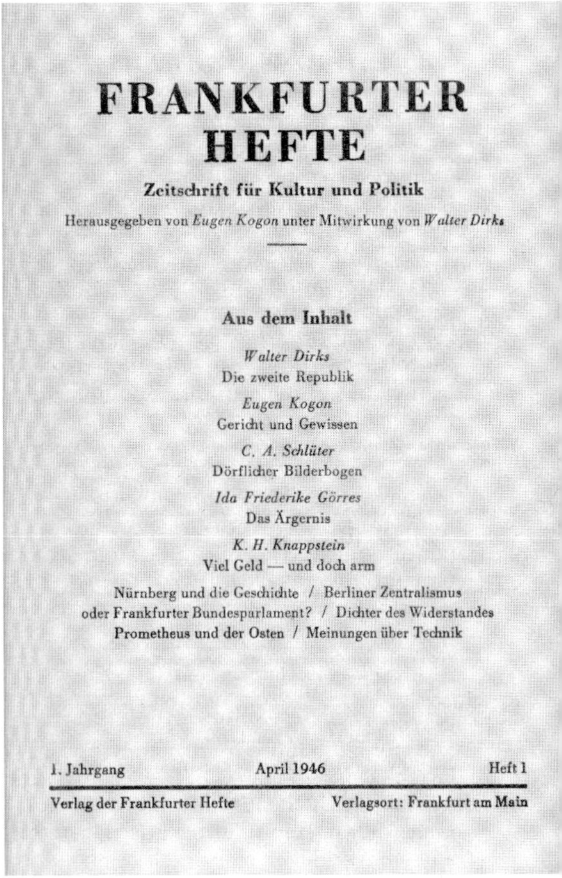

FRANKFURTER HEFTE

Zeitschrift für Kultur und Politik

Herausgegeben von *Eugen Kogon* unter Mitwirkung von *Walter Dirks*

Aus dem Inhalt

Walter Dirks
Die zweite Republik

Eugen Kogon
Gericht und Gewissen

C. A. Schlüter
Dörflicher Bilderbogen

Ida Friederike Görres
Das Ärgernis

K. H. Knappstein
Viel Geld — und doch arm

Nürnberg und die Geschichte / Berliner Zentralismus oder Frankfurter Bundesparlament? / Dichter des Widerstandes
Prometheus und der Osten / Meinungen über Technik

1. Jahrgang — April 1946 — Heft 1

Verlag der Frankfurter Hefte — Verlagsort: Frankfurt am Main

Heft 1 der Zeitschrift „Frankfurter Hefte".

Fehlentschluss gehört weder vor Gericht noch vor Spruchkammern. Irren ist menschlich."

Er forderte damit eine Begrenzung der Verfolgung auf die Protagonisten des Nationalsozialismus und diejenigen, die sich krimineller Akte schuldig gemacht hatten. Die Masse der Mitläufer und der Minderbelasteten sollte ausgenommen werden. Er wollte „die latent-gefährlichen Kräfte aus dem deutschen politischen Felde" auf Dauer ausschalten, wie er vor Christdemokraten Frankfurts im November 1945 kundtat. Die Kritik an einer in seiner Einschätzung viel zu weit reichenden und zu schematischen

Entnazifizierung, die er auch viel später noch als einen „Geburtsfehler der neuen Demokratie" bezeichnete, blieb konstantes Axiom seiner Betrachtung der Vorgeschichte und Frühzeit der Bundesrepublik. So schrieb er noch 1965 von der Belastung des demokratischen Wiederaufbaus, weil eine Minderheit „jahrelang mit diskriminierenden Schema-Einteilungen gegen eine Mehrheit" hatte vorgehen müssen. Mit einer Forderung nach Weißwaschung der Nationalsozialisten hatte sein Artikel von 1947 nichts zu tun. Der Leidensweg des Buchenwald-Häftlings, der Schreckliches und Böses erfahren hatte, machte ihn über jedweden absurden Verdacht in solche Richtung erhaben. Als „erfahrener Konzentrationslagerhäftling" (so der hessische Befreiungsminister Gottlob Binder im Juli 1947) wurde er von der Regierung zur Inspektion des Internierungslagers Darmstadt gebeten, wo auf dem Höhepunkt rund 28.000 nationalsozialistische Führer und Funktionäre inhaftiert waren.

Die dunklen Jahre im Konzentrationslager – das Erleben von Leid, Mord, Erniedrigung und das Gefühl des Todeskandidaten, ohnmächtig ausgeliefert zu sein – erklären sicherlich auch seine Entschiedenheit, mit der er sich nachfolgend zu Wort meldete, wenn er eine Gefährdung der Demokratie oder Tendenzen ausmachte, die die zweite Republik auf deutschem Boden in eine seiner Meinung nach falsche Richtung steuern würden. Dabei scheute er sich nicht, die politische Führung mit (über-)scharfen Worten zu kritisieren. Es lag in seiner aus den leidvollen Erlebnissen der Haft resultierenden Rigorosität begründet, dass er mitunter in der kritischen Bewertung über das Ziel hinausschoss. Der Mann, der in Jugendjahren Missionar werden wollte, wurde nicht müde in seinem missionarischen Eifer.

Getrieben von einer christlichen Lebensauffassung ging es ihm um eine Festigung der Humanität in der nachtotalitären Gesellschaft. Der christliche Glaube hatte ihn durch die Zeit des Bösen getragen. Ohne ihn hätte er Haft und KZ nicht überlebt, so unterstrich er später. Das paarte sich mit Kritik am Kapitalismus. Bereits die längst überfällige Währungsreform vom Juni 1948 hatte er als unausgewogen bezeichnet, weil sie ohne jeden Solidaritätsausgleich erfolgt war. Aber hier wie auch mit manch anderer Klage überforderte Kogon die Politik, ignorierte die Handlungszwänge und überschätzte die Handlungsmöglichkeiten. Er wurde in seinem Denken noch bestimmter, als die Bundesrepublik sich auf der Erfolgsspur der sozialen Marktwirtschaft hinein in ein Wirtschaftswunder bewegte; er apostrophierte die soziale Marktwirtschaft als „Sozialkapitalismus", als eine „klare Vorherrschaft des Kapitals bei [...] Minderbeteiligung der breiten Schichten der Bevölkerung". 1952 sprach er von „Aussichten der Restauration", einer Neubelebung von all dem, was er nicht wollte. Er glaubte an die Sehnsucht der Massen nach einem Sozialismus, übersah dabei sicher die auf Wohlstand und Teilhabe am Wirtschaftswunder ausgerichteten Interessen der Arbeiterschaft im Nachkriegsdeutschland, in deren Prioritäten-

„Wir alle haben darüber mitzuentscheiden, wohin der Weg in der Geschichte nun führen soll. Geben wir die Antworten nicht, die uns abverlangt werden, so können wir heutzutage nicht mehr damit rechnen, dass alles schon einigermaßen gutgehen und gut enden werde. Das Gegenteil trifft eher zu."

Eugen Kogon in den „Frankfurter Heften" 1977

Studentenprotest im Februar 1968. Prominenter Redner des Hearings in Berlin: Eugen Kogon (links am Tisch).
(Bundesarchiv Koblenz, Bild 183-G0214-0202-005A; Fotograf: Horst Sturm)

katalog der Wachstumspakt doch weit vor der sozialistischen Strukturreform rangierte.

Es verstand sich von selbst, dass sich Kogon als homo politicus auch zu den großen Streitfragen der bundesrepublikanischen Geschichte zu Wort meldete und entschieden Stellung bezog. So bekämpfte er - unbestechlich und keiner Partei verpflichtet - mit aller Macht die Wiederbewaffnung der Bundesrepublik und stellte sich gegen die Spirale des Wettrüstens.

Aus den Hoffnungen der unmittelbaren Nachkriegszeit wurden Enttäuschungen, was in der plakativen Formel von der unvollendeten Erneuerung gipfelte, wie 1964 der Titel eines Sammelbandes von seinen Aufsätzen lautete. Der stets die bundesrepublikanische Entwicklung mit spitzer Feder kommentierende Zeitgenosse musste seine „warnende und fordernde Stimme" auch zu den Notstandsgesetzen der Großen Koalition erheben. Auch wenn er ein Notverordnungsrecht der Regierung durchaus für angebracht hielt, sah er doch in diesem die Gefahr, „die demokratische Freiheit zu ersticken". Er fürchtete, dass die Bundesrepublik sich zu einem polizeistaatlichen Obrigkeitsregime entwickeln könnte.

Die Geschichte der Bundesrepublik hat er seit 1951 auch aus der gesicherten universitären Warte mitverfolgen können, als er einen der drei an den hessischen Hochschulen eingerichteten Lehrstühle für Politik übernommen hatte. Er war damit ein Pionier, denn Hessen betrat mit den Politik-Lehrstühlen Neuland. An der Technischen Hochschule in Darmstadt, wo er bis 1968 lehrte, setzte er sich für eine umfassende Ausbildung der Ingenieure ein, die über den Tellerrand ihrer eigenen Wissenschaft hinausblicken sollten. Er befand sich dabei im Einklang mit den Zielen, die Ministerpräsident Christian Stock bei der Verkündung der Errichtung von drei Lehrstühlen für Politik anlässlich der Hundertjahrfeier der Frankfurter Paulskirchenversammlung 1948 formuliert hatte: Es gehe vor allem auch darum, dass jeder künftige Akademiker den politischen und gesellschaftlichen Erscheinungen in Vergangenheit und Gegenwart Verständnis entgegenbringen solle. Unter dieser Zielrichtung stand Kogons universitäre Lehre.

Doch er erstarrte nicht im Elfenbeinturm der Hochschule. Neben der Presse (dabei weit über die eigene Zeitschrift hinaus) und dem Rundfunk bot sich ihm als ein neues Fenster der öffentlichen Verbreitung seiner Ansichten seit Mitte der 1950er Jahre das Fernsehen, wo er unter anderem 1964 das politische Magazin „Panorama" für ein Jahr moderierte und später an der Sendereihe „Perspektiven" mitwirkte.

Die Skizze seiner breit gefächerten Aktivitäten, darunter die Mitwirkung in zahlreichen nationalen und internationalen Gesprächskreisen wie den Hessischen Hochschulwochen und dem „Hessen-Forum" sowie die Mitgliedschaft in einer Vielzahl von Gesellschaften wie dem P.E.N.-Club, würde ohne die Schilderung seines europapolitischen Engagements unvollständig bleiben. Der polyglotte Kogon war national und international führend in der Europa-Bewegung tätig und stritt für die alte Idee eines europäischen Bundesstaates, wissend um die nationalen Hemmnisse zur Realisierung dieser produktiven Utopie: „So mühselig der Weg der europäischen Einigung ist, er bleibt der richtige" (1965).

Eugen Kogon war „Motor beim Aufbau des deutschen Zweigs der internationalen Europäischen Bewegung" (Jürgen Mittag). Als Präsident der deutschen „Europa-Union" (1949–1954) leistete er die entscheidenden Vorarbeiten für die Gründung des Deutschen Rates der Europäischen Bewegung, die im Juni 1949 im Wiesbadener Staatstheater offiziell vollzogen wurde. Kogon wurde zunächst Vorsitzender des Exekutiv-Ausschusses, Hermann L. Brill, Leidensgefährte aus Buchenwald, sein Stellvertreter. Von 1951 bis 1953 amtierte Kogon als Präsident des Deutschen Rates.

Die europäische Integration, eine „Völkergemeinschaft des Kontinents", blieb das Hauptziel. Es ging ihm um ein geeintes Europa, wirtschaftlich stark und sozial ausgewogen. Dabei behielt er aber auch die Welt als ganzheitliches System immer mit im Blick, setzte im bipolaren Systemkonflikt zwischen Ost und West auf die friedliche Koexistenz der Blöcke, auf eine einige Welt frei von Krieg und Gewalt.

Eugen Kogon bei der Eröffnungssitzung des Europarates in Straßburg 1950.
(picture alliance/dpa)

Der vielbeachtete Redner: 1956 bei einer Buchausstellung in Darmstadt.
(Archiv der sozialen Demokratie, Bonn)

Aus dieser europapolitischen Warte heraus stand er zur Ostpolitik der sozialliberalen Bundesregierung unter Willy Brandt.

Im Alter trieb ihn, den entschiedenen Kritiker von Zeitgeist und Zeitgenossen, immer mehr die Resignation um: „Es ist alles gescheitert", schrieb er in dem 30 Jahre nach Gründung der Bundesrepublik von Axel Eggebrecht aufgelegten Band „Die zornigen alten Männer". Der mittlerweile 76-Jährige blickte in der Tat ein wenig zornig zurück auf die Wege seit 1945, zornig auf den Zustand der Republik, aber er war immer einer, der nie die Hoffnung auf eine bessere, humanere Welt aufgab.

Politik ebenso wie Politikerinnen und Politiker wussten in ihm einen unnachsichtigen Kritiker – aber sie schätzten ihn, den Mahner und Warner. 1968, zu seinem 65. Geburtstag, erhielt Kogon die höchste Auszeichnung des Landes Hessen, die Wilhelm-Leuschner-Medaille. Den von den Nationalsozialisten 1944 ermordeten sozialdemokratischen Widerstandskämpfer Leuschner hatte er selbst in einem Beitrag gewürdigt.

„Er war ein Mann, auf den wir uns verlassen konnten; er war seinen Freunden gegenüber sensibel, zartsinnig. Im Gespräch konnte ich immer wieder erfahren, wie schwer es sich der erfolgreiche und selbstsichere Mann machte, mit sich selbst und der Welt und Gott ins Reine zu kommen. Mit der Existenz des Bösen in Gottes Schöpfung konnte er sich nie abfinden."

Walter Dirks zum Tod von Eugen Kogon

1982 in der Frankfurter Paulskirche beim Festakt zum 90. Geburtstag von Pastor Martin Niemöller, dem führenden Vertreter der Bekennenden Kirche (vorn v.r.n.l.): Eugen Kogon, Egon Bahr (SPD), Uta Ranke-Heinemann (Theologin) und Alfred Mechtersheimer (Friedensforscher); in der zweiten Reihe (zwischen Kogon und Bahr): der ehemalige Bundeswehrgeneral Gert Bastian, später Bundestagsmitglied der Grünen.

(Bundesarchiv Koblenz, Bild 183-1982-0116-023; Fotograf: Molik)

Bei der Verleihung des Hessischen Kulturpreises 1982 lobte Ministerpräsident Börner den Preisträger mit den Worten: „Wenn ein schöpferischer Intellektueller und kritischer Publizist für die politische Kultur dieses Bundeslandes Hessen steht und seine humanen Chancen symbolisiert, dann sind Sie es." In seiner ihm eigenen Art ließ Kogon die Gelegenheit nicht ungenutzt, seine Mängelliste am Zustand von Gesellschaft und Politik zu artikulieren. Er erinnerte an die Zeit des Wiederaufbaus nach der Diktatur, an die Hoffnung der Nachkriegszeit, „zu einer neuen Gesinnung, einer neuen Gesellschaft und einem neuen Staat" zu kommen. Mit resignativem Unterton zog er Bilanz: „Das ist uns in einigem staunenswert, in anderem fragwürdig gelungen, in manchem ganz und gar nicht."

Am 24. Dezember 1987 starb Eugen Kogon im Königsteiner Stadtteil Falkenstein, der unruhige Chronist, das moralische Gewissen der Republik, der viel geschrieben, aber ebenso häufig gesprochen hatte. Eugen Kogon war einer der Großen der deutschen Publizistik im 20. Jahrhundert, in jenem „Jahrhundert der abenteuerlichsten Verwandlungen", wie er das Zeitalter der zwei Weltkriege in seiner Dankesrede zur Verleihung des Kulturpreises 1982 charakterisiert hatte. Diese vielfältigen und vielschichtigen „Verwandlungen" hat der vielfach geehrte Eugen Kogon stets mit wachem Auge verfolgt, dabei sich aus christlicher Grundhaltung an Humanismus, Freiheit und Demokratie als Leitidealen orientiert und sie als Messlatte der Bewertung angelegt.

Eugen Kogon (undatiert).
(Hessisches Hauptstaatsarchiv Wiesbaden, Abt. 3008/1)

Eugen-Kogon-Preis für „Gelebte Demokratie" der Stadt Königstein im Taunus

Die Stadt Königstein verleiht seit 2002 den Eugen-Kogon-Preis in Erinnerung an den großen Publizisten und Politologen, der bis zu seinem Tod am 24. Dezember 1987 im Stadtteil Falkenstein lebte.

Der mit 5.000 Euro dotierte Preis, der nicht jährlich vergeben wird, zeichnet Personen und Institutionen aus, die sich den Grundwerten lebendiger Demokratie verpflichtet fühlen, ihr Leben in den Dienst dieser Werte gestellt haben und deren Handeln öffentliche Bedeutung erlangt hat.

Der Preis kann auch posthum verliehen werden.

Eugen Kogon 1961 bei der Einweihung der Heimvolkshochschule in seinem Heimatort, dem Königsteiner Stadtteil Falkenstein.

(Archiv der sozialen Demokratie, Bonn)

Die Preisträger:

2002

Władysław Bartoszewski (*1922)

ehemaliger polnischer Außenminister, Historiker und Publizist

2003

Hartmut von Hentig (*1925)

Pädagoge und Publizist

2004

Joseph Rovan (1918–2004)

französischer Historiker und Journalist, Förderer der deutsch-französischen Beziehungen

2005

Hans Maier (*1931)

Politikwissenschaftler, ehemaliger bayerischer Kultusminister

2008

Maximilian-Kolbe-Werk

humanitäre Hilfsorganisation für die Überlebenden der nationalsozialistischen Konzentrationslager und Ghettos

Der Präsident des Maximilian-Kolbe-Werks, Friedrich Kronenberg, nimmt den Eugen-Kogon Preis im April 2008 für seine Hilfsorganisation entgegen.
(Stadt Königstein)

2009
Stéphane Hessel (*1917)
französischer Widerstandskämpfer, Buchenwald-Häftling, Diplomat und Schriftsteller

2010
Hildegard Hamm-Brücher (*1921)
ehemalige Bundestagsabgeordnete und Staatssekretärin

2012
Václav Havel (1936-2011)
tschechischer Schriftsteller und ehemaliger Staatspräsident der Tschechoslowakei bzw. der Tschechischen Republik

Der Preisträger 2009 Stéphane Hessel war einst als Buchenwald-Häftling unter Mithilfe von Kogon gerettet worden; hier im Gespräch bei der Preisverleihung im April 2009 mit dem Königsteiner Bürgermeister Leonhard Helm.
(Stadt Königstein)

Staatsministerin a.D. Hildegard Hamm-Brücher, Preisträgerin 2010 (2.v.r.), und die Laudatorin Bundestagspräsidentin a.D. Rita Süssmuth, mit Bürgermeister Leonhard Helm (r.) und Stadtverordnetenvorsteher Alexander Freiherr von Bethmann.
(Stadt Königstein)

„Die moderne Demokratie hat drei geistige Voraussetzungen: dass es in der Politik keine absolute Verbindlichkeit richtiger Erkenntnisse gibt, dass kein Mensch ein Patent auf absolut richtige Erkenntnis hat, dass jeder Mensch entwicklungsfähig ist und zu den notwendigen Entscheidungen beitragen kann. [...] Die genannten drei geistigen Voraussetzungen haben zwei Lebensprinzipien der Demokratie zur Folge: das Argument ist das beste Mittel, dem Richtigen als dem im Sinne des Allgemeinwohls jeweils Zweckmäßigen auf die Spur zu kommen; Toleranz ist das einzige menschenwürdige Mittel, mit dem jeweils Unauflöslichen ohne nachhaltigen Schaden für das Allgemeinwohl fertig zu werden."

Eugen Kogon in den „Frankfurter Heften" 1952